Cuban Timba: A Contemporary Bass Technique

By
Feliciano Arango
&
Cherina Mastrantones

Accompaniment CD available for purchase at:
https://www.createspace.com/1985098

Copyright 2008, ArangoTones NY.11218.U.S.A. All rights reserved.

El Bajo Contemporáneo De La Timba Cubana

Por
Feliciano Arango
y
Cherina Mastrantones

<u>EL CD se Compra a:</u>
<u>https://www.createspace.com/1985098</u>

©Copyright 2008, ArangoTones NY.11218.U.S.A. All rights reserv

Feliciano Arango, Cherina Mastrantones

ABOUT THE AUTHORS:

FELICIANO ARANGO NOA

I was born on January 24, 1961 in Havana, Cuba, the son of Fernando Arango and Martha Noa. I started my musical studies at 12 at the Guillermo Tomas School in Guanabacoa, where I was born and still live to this day. My first contrabass teacher was the great Orlando Lopez "Cachao," with whom I studied with for four years. These were very important years in my life, because although I studied classical bass, Orlando López always made sure that I stayed connected with popular Cuban music by playing recordings of his and other Cuban bassists gorgeous tumbaos. Tumbaos that he continues to create to this day. Afterwards, I then moved on to the provincial school of music "Amadeo Roldan" where I studied with the excellent Bulgarian contrabassist Angel Nenov. It was with him that I perfected my contrabass technique and won various prizes in classical competitions.

My professional life began with a group called "T Con *E*" whose musical director was the great pianist Lázaro Valdez. I learned a great deal from him and was able to consolidate all of my knowledge of Cuban music. Afterwards, I became the founding member of a Latin Jazz quintet with one of the greatest pianists of Cuban music, Emiliano Salvador. It is with him where my harmonic world grew to an incredible level. My ability to solo and my accompaniment skills matured greatly during this period. It is with this group that I was able to share the stage with world reknowned musicians like Dizzy Gillespie, Ermeto Pascoal, and Tania Maria, among others.

My third group with which I stayed with for 16 years and of which I was a founding member was NG LA BANDA, a fusion group directed by the great flautist José Lúis Cortez, "El Tosco". This group marked a new generation of Cuban Popular Dance Music; it required a new way of playing the montunos between the bass and the piano in the genre. With NG my exposure to international artists increased greatly and I shared the stage with some of the greatest artists in jazz, such as Chick Corea, George Benson, and Keith Jarrett, among others. They were performing at many of the same Jazz Festivals where we were performing as well.

Presently I have the honor of directing an Afro Jazz group called "Los Hermanos Arango" that in its few years of existence has received much attention from renowned Jazz Artists. This group is a fusion of Jazz, funk and other styles with traditional folkloric Cuban music such as Abakúa, Palo, Güiro, Macuta, and everything else that relates to our folklore, as we are an experimental group come to the rescue of these traditions. It has been well received by all who hear this new music. This music is the culmination of all of my experience as a musician up to now, the consummation of my experience accumulated from my journey through the magnificent groups through which I have passed and from having played with nearly all the great musicians of Cuba of different generations.

SOBRE LOS AUTORES:

FELICIANO ARANGO NOA:

Nací el 24 Enero de 1961 en la Habana Cuba, hijo de Fernando Arango y de Martha Noa, comencé mis estudios de música a los 12 años en la Escuela "Guillermo Tomas De Guanabacoa" donde crecí y vivo actualmente. Mi primer maestro de contrabajo fue el gran contrabajista Orlando Lopez "Cachao" con el estudie cuatro años, que fueron muy importantes en mi vida porque aunque estudiaba música clasica, el siempre trataba de que yo estuviera vinculado a la música popular y me ponia grabaciones de el tocando esos buenisimos tumbaos que sigue haciendo hoy en día y grabaciones de otros bajistas. Después pase a la escuela Provincial de Musica "Amadeo Roldan" y tuve como profesor al excelente contrabajista Bulgaro Angel Nenov con el perfeccioné mi técnica en el contrabajo y obtuve diferentes premios en concursos de música clásica.

Mi vida profesional comienza con el grupo "T Con E", dirigido por el gran pianista Lázaro Valdez con quien aprendí mucho y consolide mis conocimientos sobre la música Cubana. Después fui fundador del quinteto de Jazz Latino de uno de los pianistas mas grandes de nuestra música "Emiliano Salvador, es con él donde mi mundo harmónico se amplia de una manera increible, y mi acompañamiento y solos de bajo cobran mucho mas madurez. Estando en este grupo tuve la posibilidad de compartir el escenario con grandes músicos mundialmente conocidos como Dizzy Gillespie, Ermeto Pascoal, Tania Maria etc.

Mi tercer grupo donde estuve 16 años y de donde también fui fundador fue N.G.La Banda, grupo de fusión dirigido por el gran flautista Jose Luis Cortez. Este grupo marco un nuevo camino en la música Cubana Popular Bailable, y también un nuevo camino en la forma de utilizar los montunos del bajo y el piano dentro de la música Cubana Bailable. Con NG mi angulo internacional se hizo mas amplio y compartimos los escenarios de Jazz con muchos músicos grandes del mundo como Chick Corea, George Benson, Keith Jarrett etc.,ya que fueron muchos los festivales de jazz donde actuamos.

Actualmente tengo el honor de dirigir el grupo de Afro Jazz "Los Hermanos Arango", grupo que a pesar de sus pocos años de fundado a participado en varios festivales de Jazz como el Fandango Festival de Roma y otros.. Nuestro grupo a recibido muchos elogios de músicos muy importantes del mundo del Jazz que han quedado impresionados con esta nueva forma de hacer Jazz donde la fusión que hacemos del Jazz, el Funk, y otros generos con la musica Yoruba, el Abakúa, El Palo, El Güiro, La Macuta y todo lo que tenga que ver con nuestro folklor ya que es un grupo experimental de rescate folklórico, ha llegado en una forma satisfactoria a todo el que la ha escuchado, esta es la culminación de todos mis experiencias como músico hasta ahora, y donde resumo la experiencia acumulada en mi viaje através de estos magníficos grupos por donde he pasado. Ádemas de tener la suerte de haber tocado con casií todos los músicos grandes de Cuba de diferentes generaciones.

ABOUT THE AUTHORS:

CHERINA MASTRANTONES:

I was born and raised in Manhattan, New York of Greek immigrants. My life began as a typical New York story; I started my first day of school speaking only two words of English, "hello" and "goodbye". My musical education began with my nightly bedtime songs from my father and my mother dancing while doing her chores. I took up an instrument at 8 years old and was entranced.

Since my family had to work very hard to make a life in NY I received my music education within the public school system. However, I received a full scholarhip to study formally at Oberlin college and completed my performance degree at the New School for Jazz and Contemporary Music in jazz bass.

Living in NY provided me with incredible exposure to some of the greatest artist in Jazz and Latin Music. In addition to freelancing with a number of salsa bands I toured with Joe Cuba, Masa Wada, Joan Osborne, to name a few. I recorded four CD's and one under my own name called "Confession". I supplemented my studies with esteemed pianist Barry Harris and studied composition with Kirk Nurock, Jim McNeely and was a member of the BMI Jazz Composer's workshop.

I was a teaching artist with the Brooklyn Philharmonic Orchestra and The Orchestra of St. Luke for 5 years. I got my certification to teach in NY City in 2004 where I currently teach full time and perform with a number of local Latin bands.

In 2006 I decided to further nourish my desire to learn by traveling to Cuba in search of TIMBA and Feliciano Arango was on the top of my list. My first night in Cuba I met a percussionist and struck a conversation with him. I explained my purpose for coming to Havana and asked him if he knew where I could find Feliciano. After a long interchange in turned out I was speaking to his brother Eugenio. My first night in Cuba, the first person I spoke to happened to be Feliciano's brother. Fate, serendipity or coincidence brought me to this point in time.

My first lesson turned into seven trips to study intensively with Feliciano and last February he suggested we write this book for all the interested bassist worldwide.

SOBRE LOS AUTORES:

CHERINA MASTRANTONES:

Nací y me crié en Manhattan, Nueva York, hija de inmigrantes griegos. Mi vida empezó como un típico cuento neoyorquino; empecé la escuela hablando sólo los dos palabras de inglés "hello" y "goodbye." Mi formación musical comenzó con canciones de cuna de mi papá y la vista de mi mamá bailando al hacer los quehaceres de la casa. Comencé a tocar a los ocho años y me cautivó.

Ya que mi familia tuvo que luchar para sobrevivir en Nueva York, recibí mi educación musical adentro del sistema de escuelas públicas. Sin embargo, recibí una beca para estudiarla formalmente en Oberlin College, y complí el título universitario en la New School for Jazz and Contemporary Music en tocar el bajo de jazz.

Vivir en Nueva York me proporcionó increíble exposición a algunos de los mejores artistas en la música jazz y latina. En adición de trabajar en calidad de freelance con un número de grupos de salsa, hice giras con Joe Cuba, Masa Wada, y Joan Osborne, entre otros. Grabé cuatro discos y uno bajo mi nombre, "Confesión." Profundicé mis estudios con el estimado pianista Barry Harris y estudié composición con Kirk Nurock y Jim McNeely. También fui miembro del Taller de Compositores de BMI Jazz.

Fui artista de enseñanza con la Orquesta Filarmónica de Brooklyn y la Orquesta de St. Luke por cinco años. Después realicé una certificación de maestría en 2004. Hoy en día enseño a tiempo completo y toco con varios grupos de música latina en la ciudad.

En 2006 decidí nutrir mi deseo de aprender por viajar a Cuba en busca de TIMBA, y Feliciano Arango figuraba muy arriba en mi lista. Mi primera noche en Cuba conocí a un percusionista y empezamos a charlar. Le expliqué porque había ido a la Habana y le pregunté si sabía donde podría encontrar a Feliciano. Después de una larga conversación resultó a ser que estaba hablando con su hermano, Eugenio! La primera noche en la isla, la primera persona con quien hablé por casualidad fue el mismo hermano de quién buscaba. El destino, suerte, o pura casualidad me llevó hasta ese punto.

Mis clases iniciales se convirtieron en siete viajes para estudiar intensivamente con Feliciano, y el febréro pasado me sugirió que escribiéremos este libro para todos los bajistas interesados en el mundo entero.

ACKNOWLEDGEMENTS:

    Firstly I thank my mother, Martha Noa, excellent singer, for her voice, her intelligence and her teachings. To my father, Fernando Arango, who taught me the way of life, exposed me to the religion of Abakúa and was a great admirer of Rumba, I thank you for transmitting my Afro Cuban culture to me. To my elder brother, Ignácio Arango, excellent guitarist and bassist, for being my guide and first music teacher.

    I also want to thank my grandmother, Dulce Maria Rueda, who, as a daughter of Ochún, taught me the music of Yoruba and the Batá drums. My knowledge of the Bata was deepened further with my brother Eugenio Arango, an excellent percussionist who also plays in this book. It is he who plays the congas in the Guaguancó section as well as the "quinto," and the marcha patterns in the Timba section of the book. He also performs the three Bata drums in the Afro Timba section of this book.

    I also wish to thank my teacher Orlando López "Cachao" for showing me the way with the contrabass and the Cuban tumbaos. To all the great Cuban musicians who have elevated our music to such a high level worldwide. To all of you my sincerest thanks.

Agradecimientos:

Agradezco a mi madre Martha Noa, excelente cantante, por su voz, su inteligencia, y sus enseñanzas. A mi padre Fernando Arango,que me enseño al camino de la vida, profesaba la religion Abakua y fue un gran admirador de la Rumba, gracias por transmitirme esta influencia de mi cultura Afrocubana. A mi hermano mayor Ignácio Arango, excelente guitarrista y bajista, por ser mi guiá y mi primer maestro de música.

Quiero agradecer también a mi abuela Dulce Maria Rueda ya que fue ella la hija de Ochún quien me enseño el camino a la musica Yoruba, y a los tambores Batá que despues profundizará con mi hermano Eugenio Arango excelente percusionista quien colabora también en este libro. Es el quien toca las congas en el rhytmo de Guanguancó, el quinto , la marcha de la Timba y los tres tambores Batá.

Agradezco a mi profesor de bajo Orlando Lopez "Cachao" que me abrio el camino en el contrabajo y en los tumbaos. A todos los grandes músicos cubanos por haber puesto la música cubana a tan alto nivel mundial. A todos mis mas sinceros agradecimientos.

INTRODUCTION:
Cherina Mastrantones

This project began in the summer of 2006, when I traveled to Havana, Cuba for 2 weeks looking to study Cuban Timba Bass stylings with Feliciano Arango. Our lessons turned into a partnership that we hope will benefit all bassists interested in exploring this revolutionary style. This contemporary style evolved in the late 1980's with bands like NG LA BANDA, whose bassist was Feliciano Arango.

When we first met I was already familiar Cuban "SON" patterns. However, I also knew that there was a new movement in Cuban Popular Dance Music called "TIMBA". Feliciano Arango was in the forefront of this new style on the bass. He was a founding member of NG La Banda for sixteen years and his contribution to the Cuban tumbao during his membership was innovative. Up until that period the bass tumbao had maintained a more stable and prescribed role within the Cuban Popular Dance Music. This style still continues to evolve as Timba groups perform regularly in Cuba today.

This book is an accumulation of three years of study with Feliciano. His teaching style required me to return to Cuba with a series of specific questions or difficulties that I encountered from the previous lessons. My questions would elicit further illuminations into the vast knowledge that he has acquired. In February of 2008 we discussed compiling all the years of study into a final form for all bassists worldwide interested in Timba. In July of 2008 I returned to Cuba with laptop and arranged a workspace where we worked intensely to organize and record this book. We hope to elicit more inquiry and sharing of information with all bassists worldwide. GÓZALO!

Cherina Mastrantones

INTRODUCCIÓN

Cherina Mastrantones

Este proyecto comenzó en el verano de 2006 cuando viajé a la Habana, Cuba por dos semanas con el objetivo de estudiar con Feliciano Arango el estílo de tocar el bajo en la timba cubana. Nuestras clases se convirtieron en una asociación profesional que esperamos beneficiará a todos bajistas interesados por explorar el estilo revolucionario de la timba, que se desarrolló a los fines de los 1980 de grupos como NG LA BANDA, cuyo bajista fue Feliciano Arango.

Cuando primero nos conocimos, ya tenía conocimiento de las pautas del son cubano. Sin embargo, también me interesaba el nuevo movimiento en la música bailable popular conocida como timba. Feliciano Arango estaba en la vanguardia de este nuevo estilo en el bajo. Fue un miembro fundador de NG La Banda por dieciséis años y su contribución al tumbao cubano durante su permanencia fue innovadora. Hasta ese entonces el tumbao del bajo se había mantenido un papel mas estable y prescrito adentro de la música bailable popular cubano. Este estílo aun evoluciona tras los grupos de Timba que sigan tocando en Cuba hoy.

Este libro representa una acumulación de tres años de estudio con Feliciano. Su forma de enseñanza me hizo volver a Cuba con unas séries de dudas especificas que enfrentaba después de mis primeras sesiones. Mis preguntas a su vez provocaba mas revelación del conocimiento inmenso que el ha obtenido. En febrero de 2008 conversamos sobre la idea de compilar todos aquellos años de estudio en una forma final para todos los bajistas del mundo que se interesen por la timba. En julio de 2008, volví a Cuba con un laptop y conseguimos donde se podía trabajar intensamente para organizar, escribir y grabar este libro. Esperamos provocar mas investigación y el intercambio de información entre músicos en el mundo entero. GÓZALO!

Cherina Mastrantones

INTRODUCTION:

Feliciano Arango

I have always been preoccupied with how to develop the role of the bass in Cuban Popular Dance Music., since I listened to other styles of music such as Jazz, Funk, Fusion, where the bass developed rapidly. However, at that time in Cuban popular forms, the bass maintained the same patterns that principally supported the dancers. Clearly Cuban Son requires this great stability in the bass in order to link up with the clave.

However, like all things in life, the music evolved and grew along with the popular dances. During this period Popular Dance Music joined the dancers in inventing a new and wilder form.

It was this change in the dancing which helped me develop and introduce this new form of playing the bass in Cuban Dance Music. This was cause for great discourse and propelled the accompaniment to change its style as well. This change was totally new and shocking to those officionados of Cuban Popular music of the earlier era. These new dances required a different musical perspective. NG La Banda quickly supported this new dance movement with its new fusion sound.

During this time I was able to contribute to this wave of musical development by changing the way the bass interpreted the tumbaos as well as my way of accompaniment. I incorporated "bomba" rhythms with the palms of my hands in order to accompany the "despelote" of the dancers."Despelote" is a dance where the woman's entire body vibrates with such force that it appears as if it will explode.

In this book we would like to share with the world this form of playing the bass in Cuban Timba.There are a series of exercises that will help you on the road of understanding how the music evolved from "Son" to "Timba". However, Son will always be the foundation of our Popular Dance Music.

Feliciano Arango

INTRODUCCIÓN:
Feliciano Arango

Siempre tuve la preocupación de como desarollar mas el bajo dentro de la musica Cubana Popular Bailable. Ya que escuchaba que en otros géneros como el Jazz, el Funk, la Fusion, el bajo se desarollaba a una gran velocidad. Mientras que en la música Cubana Bailable se mantenía con sus mismos patrones, principalmente por ser un gran apoyo para el bailador, y porque el Son requiere mucho de esa estabilidad y enlace con la clave. Pero como todo tiende a desarollarse y a cambiar, también cambiaron los bailes y nuestra música Popular Bailable fue tomando un camino mas violento. Lo que me ayudó mucho para introducir esta nueva forma de tocar el bajo en la música Cubana Bailable. Cosa que fue motivo de mucha discución ya que este cambio tenía que ver con el acompañamiento también. Algo totalmente nuevo y chocante para los conocedores de la música Cubana Bailable de todos los tiempos. Los bailes actuales exigían un tratamiento diferente, el cual NG apoyo rápidamente con su nueva música de fusión. Y a su vez hizo posible que todas mis dudas desaparecieran y dejándome llevar por esta ola de desarrollo le di una forma diferente a los tumbao a su vez a la forma de acompañar en general incorporando tambien "la bomba" con las palmas utilizada mayormente en el baile del "despelote", baile en que las mujeres hacen vibrar su cuerpo entero con mucha fuerza como si fueran a estallar o explotar.

En este libro queremos mostrar al mundo esta nueva forma de tocar el bajo en la Música Cubana Bailable. En el encontrara una serie de ejercicios que le facilitaran el camino para entender la evolución del Son hasta "LA TIMBA". Aunque el Son seguira siendo siempre la base de toda esta evolucion en nuestra Música Popular Bailable.

Feliciano Arango

HOW TO USE THIS BOOK & CDs:

This book and CDs are to be used for training towards learning and perfecting this new style of bass playing called "TIMBA." You can apply many of these exercises towards your own interpretations, always staying true to the timba flavor and the requirements of accompaniment.

Other more complicated exercises and the accompanying "FreeStyle" recordings (which we so name), where the bass is playing extremely freely, are simply to be used as a reference of how to apply these concepts in your own style of playing. While performing, you should apply your new knowledge but always be thinking of the dancers and your role as an accompanist. We only aspire to amplify your level of understanding of the clave, syncopation and the rhythmic language of Timba, and that your connection to the clave is strengthened and more flavorful.

It is very important that you are very clear with the basic structures of "Son." In the first section of this book there is a brief review of SON. Without a strong understanding of the son Clave and its accompanying tumbaos it will be much more difficult to advance to CUBAN TIMBA styles.

If you already are familiar with Son and Timba, this book can still be very useful. In these pages, we elaborate new elements so that you may continue to extend your knowledge and technique in the world of TIMBA.

We suggest you study each exercise meticulously and try to put all your energy into mastering it before moving on to the next one. If you move on to the next exercise too quickly, you may have trouble advancing in your road to understanding CUBAN TIMBA.

In addition, we offer support through the use of technology in enhancing your study of Timba. We are offering an interactive website where you can communicate directly with us about any questions or problems that may occur during your study of the style.

Happy Practicing!

Visit us:
http://www.arangotones.org

COMO USAR ESTE LIBRO Y CDs.

Este libro y el CD deben utilizarse como entrenamiento para perfeccionar este nuevo estilo que es "la Timba", muchos de estos ejercicios usted los puede aplicar en sus interpretaciones ya que usted se dará cuenta que tienen sabor y cumplen con los requisitos del acompañamiento. Otros ejercicios mas complicados y las Timbas Libres como le hemos llamado a estos ejercicios donde el bajo toca con mucha libertad solo deben servirle para ampliar su información. En el momento de tocar usted debe aplicar estos conocimientos pero siempre pensando en el bailador. Solo queremos que su nivel con respecto a las síncopas, la clave, y la ritmática en general de la Timba sea mas amplio, y que la clave sea una ayuda para dar mas sabor.

Es muy importante que usted tenga muy claro los elementos del Son. Para eso hicimos la primera parte de este libro, para recordarle que sin la base del Son le será muy difícil entender la Timba Cubana.

Si usted conoce los elementos básicos del Son y La Timba, también este libro le será muy útil. Ya que le ofrecemos nuevos elementos para que siga ampliando su información y se siga superando técnica y musicalmente en este mundo de La Timba.

Estudie minuciosamente cada ejercicio y trate de poner todo su energía en cada uno de los ejemplos. Si no tiene claro y seguro el primero no pase al segundo. Esto podria traerle problemas en su camino al entendimiento de este estílo que es "LA TIMBA CUBANA".

También, con la ayuda de la technologia nosotros ofrecemos mucho apoyo a los alumnos interesados en el estudio de La Timba Cubana con nuestras paginas vivas del internet donde ustedes podrian preguntarnos directamente cualquier duda que tengan con respecto a los ejercicios de nuestro libro o cualquier duda personal con relacion al estilo.

http://www.arangotones.org

Gozaló!

TABLE OF CONTENTS:

About the Authors: ....3 & 5

Acknowledgements: 7

Credits: 82

Authors' Introduction: ....9 & 11

How To Use The Book & CD : 13

PART I: Review of "SON" Tumbaos:

1. Son Clave Review..23
2. Tumbao over "Guantanamera"..24
3. Variations and adornments of same tumbao..25
4. Dead Note Technique Explanation...26
5. Application of Dead Note Technique over basic tumbao........................27
6. Tumbaos using dead notes over different harmonies........................28-34
7. Rhytmic Breaks over "Son De La Loma".. 35-37

PART II: CUBAN TIMBA:

1. Guaguancó Clave..40
2. Bass Tumbaos over Guaguancó rhythms..41-42
3. Entrances of bass Tumbaos in Cuban Timba............................... 44 & 45
4. Using the same bass tumbao but entering in different parts of Clave..46
5. Same basic Timba Tumbaos with dead notes variations.......................47
6. Common Cuban montunos played with Timba feel........................48-53
7. Cuban Standard "Son De La Loma" Timba style..................................54
8. "Bamboleo" tumbao Timba Style...54
9. "El Cuarto De Tula" tumbao Timba Style...55
10. "Bilongo" tumbao Timba Style...55
11. "Chango" Tumbao Timba Style..55
12. RHYTHMIC BREAKS IN TIMBA "Cuarto De Tula"...............56 & 57
13. "Bilongo" Rhythm Breaks...58 & 59
14. PALM SLIDE BASICS..60-62

PART III: JAZZ CON TIMBA:

    1. F Blues tumbao Timba Style..66
    2. "Blue Bossa" tumbao Timba Style...67
    3. "Confirmation" tumbao Timba Style...68
    4. "Dolphin Dance" tumbao Timba Style...69&70
    5. "Giant Steps" tumbao Timba Style..71
    6. RHYTHM BREAKS: "Night and Day" 72-74

PART 4: AFRO-TIMBA:
    1. Clave and "IYESÁ" Bata Pattern.
    2. "IYESÁ" tumbao with Timba Bass Montuno.......................................79
    3. "IYESÁ" tumbao with a different Bass Montuno................................80

FINAL COMMENTS:...81

Companion CD Track Sheet:...21&22

ÍNDICE:

Sobre los Autores:..4&6

Agradecimientos:..8

Créditos:...82

Introducción...10&12

Como Usar Este libro y Cd 14

PRIMERA PARTE: UN REPASO DE LOS TUMBAOS DEL "SON":

1. Un repaso de la clave del Son....................................……..23
2. Un tumbao por la canción "Guantanamera.....................24
3. Una variación con adornos del mismo tumbao...................25
4. Explicación sobre las notas muertas.....................................26
5. Applicación de las notas muertas con un tumbao básico............27
6. Utilización de las notas muertas con varias harmonias............28-34
7. Effectos ritmicas en la canción "Son De La Loma".................35-37

SEGUNDA PARTE: LA TIMBA CUBANA:

1. La Clave del "Guaguancó"..40
2. Tumbaos con los patrones del guaguancó.....................41&42
3. Las entradas del bajo en la Timba Cubana........................44&45
4. El mismo tumbao del bajo con varias entradas de la Clave..............46
5. El mismo tumbao de timba con notas muertas.............................47
6. Common Cuban montunos played withTimba feel.....................48-53
7. Un tumbao con "Son De La Loma" en el estilo Timbero......................54
8. Un tumbao con la canción "Bamboleo" en el estilo Timbero...............54
9. Un tumbao con "El Cuarto De Tula" en el estilo Timbero....................55
10. Un tumbao con "Bilongo" en el estilo Timbero................................55
11. Un tumbao con "Chango" en el estilo Timbero...............................55
12, Effectos rítmicos en La Timba con "El Cuarto De Tula"............56 &57
13. Efectos rítmicos con "Bilongo"...58&59
14. Bomba con las Palmas básico...60-62

TERCERA PARTE: JAZZ CON TIMBA

    1. "F Blues" tumbao Timbero……………………………………………………..66
    2. "Blue Bossa" tumbao Timbero……………………………………………….67
    3. "Confirmation" tumbao Timbero……………………………………………..68
    4. "Dolphin Dance" tumbao Timba Style……………………………….69&70
    5. "Giant Steps" tumbao Timba Style…………………………………………71
    6. Effectos Ritmicos con la cancion: "Noche y Dia "………………….72-74

CUARTA PARTE: AFRO-TIMBA:

    1. La Clave y los patrones de Batá de IYESÁ.
    2. Los patrones de Batá de IYESÁ con un tumbao de bajo……………….79
    3. Los patrones de Batá de IYESÁ con un otró tumbao de bajo…………80

FINAL:……………………………………………………………………………………….81

Lista de Pistas del Disco Acompañante……………………………………………..19&20

CONTENIDO DEL CD:

Pista 1: "Guantanamera"
Pista 2: Variación del TumbaoI-IV-V
Pista 3: Variación del Tumbao I-IV-V
Pista 4: Variación Del Tumbao V-IV-I
Pista 5: Notas Muertas Sensillas
Pista 6: Notas Muertas Dobles
Pista #7: Tumbao con notas muertas Cmaj-Dmaj-Gmaj-Fmaj
Pista #8: Tumbao con notas muertas C-Bb_Ab-G7
Pista #9: Tumbao con notas muertas Amin-Cmaj-Dmin-E7
Pista #10: Tumbao con notas muertas Bmin-E7-Amin-D7
Pista #11: Tumbao Amin sin notas muertas
Pista #12: Variación delTumbao Amin Con notas muertas
Pista #13: Tumbao de Bmin con notas muertas
Pista #14: Son De La Loma Efecto #1
Pista #15: Son De La Loma Efecto #2
Pista #16: Son De La Loma Efecto #3
Pista #17: La Clave y el Guaguancó
Pista #18: La Clave, el Guaguancó Y el Tumbao del Bajo
Pista #19: La Clave y variación del Tumbao sin Tumbadoras con armónicos.
Pista #20: Los Hermanos Arango "Los Infortunados"
Pista #21: Clave del Guaguancó y Quinto
Pista #22: Bajo Quinto
Pista #23: Marcha de las congas con clave de Guaguancó
Pista #24: Entrada primer Tiempo
Pista #25: Entrada Segundo Tiempo
Pista #26: Entrada Tercero Tiempo
Pista #27: Entrada Quatro Tiempo
Pista #28: Timba Tumbao I-V con notas muertas y una forma de entrar al tumbao con relación a la clave.
Pista #29: Timba Tumbao I-V Otra forma de entrar al mismo tumbao.
Pista #30: Timba Tumbao I-V Con adornos y notas muertas
Pista #31: Timba Tumbao I-V Con adornos y notas muertas
Pista #32: Timba Tumbao I-V Con adornos y notas muertas.
Pista #33: Timba Tumbao Amin-Ab-Gmin-C-Fmaj con adornos
Pista #34: Timba Tumbao Amin-D7-Gmin-C. con adornos.
Pista #35: Timba Tumbao Amin-D7-Gmin-C7- con adornos
Pista #36: Timba Tumbao Amin-Ebflat-D-Gmin-Db-C.con adornos
Pista #37: Tumbao C,-Dmin-G-F
Pista #38: Tumbao de #37 a la forma LIBRE
Pista #39:Cmin-Bb7-Ab7-G7
PIsta #40 Tumbao #39 a la formaLibre

Pista #41: Tumbao Amin-/G7-C/Dmin/E7
Pista #42: Tumbao #41 A la forma Libre
Pista #43: Tumbao Cmin-F7,/Bb- Eb/,Amin-D7, Gmin
Pista #44: Tumbao #43 a la forma Libre
Pista #45: Tumbao De "Son De La Loma"
Pista #46: "Son De La Loma" Libre
Pista #47: Tumbao De "Bamboleo"
Pista #48: "Bamboleo" Libre
Pista #49: Tumbao "Cuarto De Tula"
Pista #50: "Cuarto De Tula" Libre
Pista #51: Tumbao "Bilongo"
Pista #52: "Bilongo" Libre
Pista #53: Tumbao "Changó"
Pista #54: "Chango" Libre
Pista #55: "Cuarto De Tula" efecto #1
Pista #56: "Cuarto De Tula" Effecto #2
Pista #57: "Cuarto De Tulat"Effecto #3
Pista #58: "Bilongo" Efecto #1
Pista #59: "Bilongo" Efecto #2
Pista #60: "Bilongo" Efecto #3
Pista #61: La "Bomba" con Las Palmas Solas
Pista #62: La "Bomba" con Las Palmas En Bilongo, y el efecto #3
Pista #63: Blues en F Tumbao
Pista #64: Blues en F Tumbao LIBRE
Pista #65: "Blue Bossa" Tumbao
Pista #66: "Blue Bossa" Libre
Pista #67: "Confirmation" Tumbao
Pista #68: "Confirmation" Libre
Pista #69: "Dolphin Dance" Tumbao
Pista #70: "Dolphin Dance" Libre
Pista #71: "Giant Steps" Tumbao
Pista #72: "Giant Steps" Libre
Pista #73: "Night and Day" con Efectos
Pista #74: Afro Timba Toques de Batá.
Pista #75: Afro Timba Toques de Batá con un Tumbao de Bajo.
Pista #76: Afro Timba Toques de Batá con otro Tumbao de Bajo.
Pista #77: Los Hermanos Arango, "Canto A Oshun #1" Arreglo Feliciano Arango.

CD Track List:

Track #1: "Guantanamera"
Track # 2: Variation on Tumbao I-IV-V
Track # 3: Variation on Tumbao I-IV-V
Track # 4: Variation on Tumbao V-IV-I
Track #5 : Basic Dead Notes
Track # 6: Double Dead Notes
Track #7: Tumbao with dead notes over Cmaj-Dmaj-Gmaj-Fmaj
Track #8: Tumbao with dead notes over C-Bb_Ab-G7
Track #9:Tumbao with dead notes over Amin-Cmaj-Dmin-E7
Track #10: Tumbao with dead notes over Bmin-E7-Amin-D7
Track #11: Tumbao Amin without dead notes
Track #12: Variation of Amin tumbao with dead notes.
Track #13: Tumbao over Bmin with dead notes
Track #14" Son De La Loma" with rhythmic Effect #1
Track #15: " Son De La Loma" with rhythmic Effect #2
Track #16: " Son De La Loma" with rhythmic Effect #3
Track #17: The Guaguancó clave
Track #18: The Clave, conga pattern of Guaguancó and a bass tumbao
Track #19: The Clave and a variation of previous tumbao, without congas but
    with harmonic adornments.
Track #20: Los Hermanos Arango "Los Infortunados"
Track #21: Guaguancó Clave with Quinto drums
Track #22: Quinto bass patterns
Track #23: Conga tumbao with Guaguancó clave timba style.
Track #24: Bass entrance on the first beat
Track #25: Bass entrance on the second beat.
Track #26: Bass entrance on the third beat.
Track #27: Bass entrance on the fourth beat.
Track #28: Timba Tumbao I-V with dead notes and one type of bass tumbao
    entrance in relation to the clave.
Track #29: Timba Tumbao I-V using a different entrance with the previous
    tumbao.
Track #30: Timba Tumbao I-V with adornments and variations.
Track #31: Timba Tumbao I-V with adornments and dead notes.
Track #32: Timba Tumbao I-V with adornments and dead notes
Track #33: Timba Tumbao Amin-Ab-Gmin-C-Fmaj with adornments.
Track #34: Timba Tumbao Amin-D7-Gmin-C. with adornments.
Track #35: Timba Tumbao Amin-D7-Gmin-C7- with adornments.
Track #36: Timba Tumbao Amin-Ebflat-D-Gmin-Db-C.with adornments.
Track #37: Tumbao C,-Dmin-G-F
Track #38: Tumbao de #37 FREESTYLE.

Track #39: Cmin-Bb7-Ab7-G7
Track #40 Tumbao #39 FREESTYLE.
Track #41: Tumbao Amin-/G7-C/Dmin/E7
Track #42 Tumbao #41 FREESTYLE.
Track #43 Tumbao Cmin-F7,/Bb- Eb/,Amin-D7, Gmin
Track #44: Tumbao #43 FREESTYLE.
Track #45: Tumbao over "Son De La Loma"
Track #46 : "Son De La Loma" FREESTYLE.
Track #47: Tumbao over "Bamboleo"
Track #48: "Bamboleo" FREESTYLE.
Track #49: Tumbao over "Cuarto De Tula"
Track #50: "Cuarto De Tula" FREESTYLE.
Track #51: Tumbao over "Bilongo"
Track #52: "Bilongo" FREESTYLE.
Track #53: Tumbao over "Changó"
Track #54: "Chango" FREESTYLE.
Track #55: "Cuarto De Tula" with rhythm effect #1
Track #56: "Cuarto De Tula" with rhythmic effect #2
Track #57: "Cuarto De Tula" with rhythmic effect #3
Track #58: "Bilongo" with rhythmic #1
Track #59: "BIlongo" with rhythmic effect#2
Track #60: "Bilongo" with rhythmic effect #3
Track #61: La "Bomba" with Palm Slides
Track #62: "Bomba" with palm slides over Bilongo, and with rhythm effect #3
Track #63: Blues in F Tumbao
Track #64: Blues in F Tumbao FREESTYLE.
Track #65: "Blue Bossa" Tumbao
Track #66: " Blue Bossa FREESTYLE
Track #67: "Confirmation" Tumbao
Track #68 "Confirmation" FREESTYLE.
Track #69: " Dolphin Dance" Tumbao
Track #70: "Dolphin Dance" FREESTYLE.
Track #71: "Giant Steps" Tumbao
Track #72: "Giant Steps" FREETYLE.
Track #73: " Night and Day" with rhythmic effects.
Track #74: Afro Timba Batá patterns.
Track #75: Afro Timba- Batá patterns with a bass tumbao.
Track #76: Afro Timba- Batá patterns with a different bass tumbao.
Track #77: Audio clip of Los Hermanos Arango, "Canto A Oshún #1"
        Arrangement by Feliciano Arango.

PART ONE: SON THE FOUNDATION OF CUBAN MUSIC

PRIMERA PARTE: SON LA FUNDACÍON DE LA MÚSICA CUBANA

PART ONE: "SON" The foundation of Cuban Music:

The first part of this book is a review of the cell structure of "SON". All the examples are written in 2/2 time signature. We don't want to spend much time in the study of SON. We only want to review and share some adornments that will fill up a basic bass tumbao. In addition, we will explain a unique "Dead Note" technique of muting that will enhance your passage into the world of TIMBA bass tumbaos.

PRIMERA PARTE: "Son" La Fundación de la Música Cubana:

En este libro la primera parte es para recordar la célula del SON. Y vamos a escribir estos ejemplos en 2/2. No queremos detenernos mucho en el estudio del SON. Solamente a modo de recordatorio y comenzar haciendo algunos adornos para llenar mas el tumbao. También presentarles una "nueva técnica" para las notas muertas para que le sea mas fácil en el paso a "LATIMBA".

The Son Clave:

In "Son" the clave is fundamental. We always play the same rhythmic patterns and we must always respect its entrance in relation to the clave. Although Son has developed many harmonic and rhythmic structures, the relationship between the bass tumbao and the clave have remained absolutely equal.

El Clave De Son

En el Son la Clave es fundamental porque siempre trabajamos con el mismo patrón y debemos respetar la entrada todo el tiempo. Aunque el Son a tenido nuevos aportes harmónicos y hasta ritmicos la combinación del bajo y la clave se mantiene absolutamente igual.

Part One: "Son" The Foundation of Cuban Music
Primera Parte: "Son" La Fundación de la Música Cubana

Example #1: Bass Tumbao over "Guantanamera"

On the recording we let one full cycle of the clave pass before entering on the 3 part of the Clave. Keep in mind that bass <u>always</u> accentuates the 3 part of the clave in Son.

Ejemplo #1: Tumbao de "La Guantanamera"

Hacemos una clave completa y a continuación entramos en el tercer golpe de la clave y continuamos acentuando <u>siempre</u> el mismo golpe de la clave.

CD Track 1: Guantanamera Tumbao

Part One: "Son" The Foundation of Cuban Music
Primera Parte: "Son" La Fundación de la Música Cubana

In Examples #2, #3, #4:
As you can hear and see these are variations of the first tumbao, where we add some adornments and variations to the original tumbao.

En Los Ejemplos #2, #3 y #4:
Como puede ver y escuchar son variaciónes del primer ejemplo donde hacemos algunas notas que adornan el patrón original.

CD Track #2: Variation on Basic Tumbao.

CD Track #3: Variation on Basic Tumbao.

CD Track #4: Variation on Basic Tumbao.

Part One: "Son" The Foundation of Cuban Music
Primera Parte: "Son" La Fundación de la Música Cubana

Explanation of Muted Dead Notes:

There are many ways to execute a dead note on the bass. My technique starts with one of the fingers of the right hand acting as the mute or dead note.

After the dead note is articulated, the other finger strikes the string to create the tone. In order to execute this technique proficiently, we need to place both fingers in contact with a single string simultaneously. Either the index or middle finger may act as the muted strike and should be practiced using both fingers.

Explicación sobre las notas muertas:

Hay varias formas de hacer este sonido en el bajo. Nosotros lo hacemos muteando (apagando) con uno de los dedos de la mano derecha.
La nota anterior a la nota que suena a continuación, y golpeando la cuerda que es la nota que sigue con el otro dedo. Para lograr esto con excelente resultado necesitamos poner los dos dedos en contacto con una sola cuerda donde se quiere lograr este efécto.

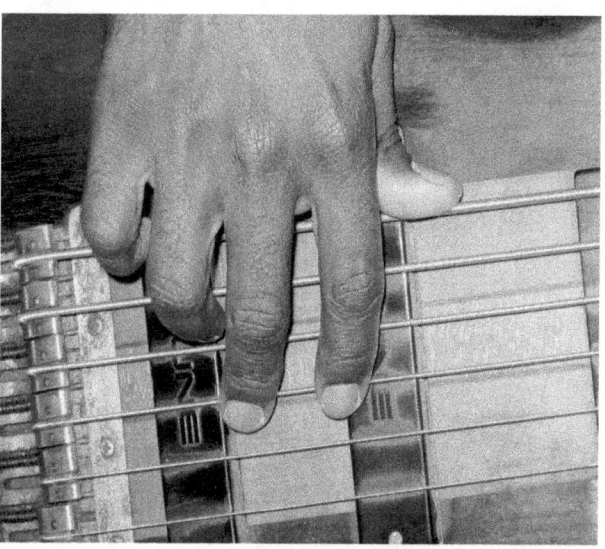
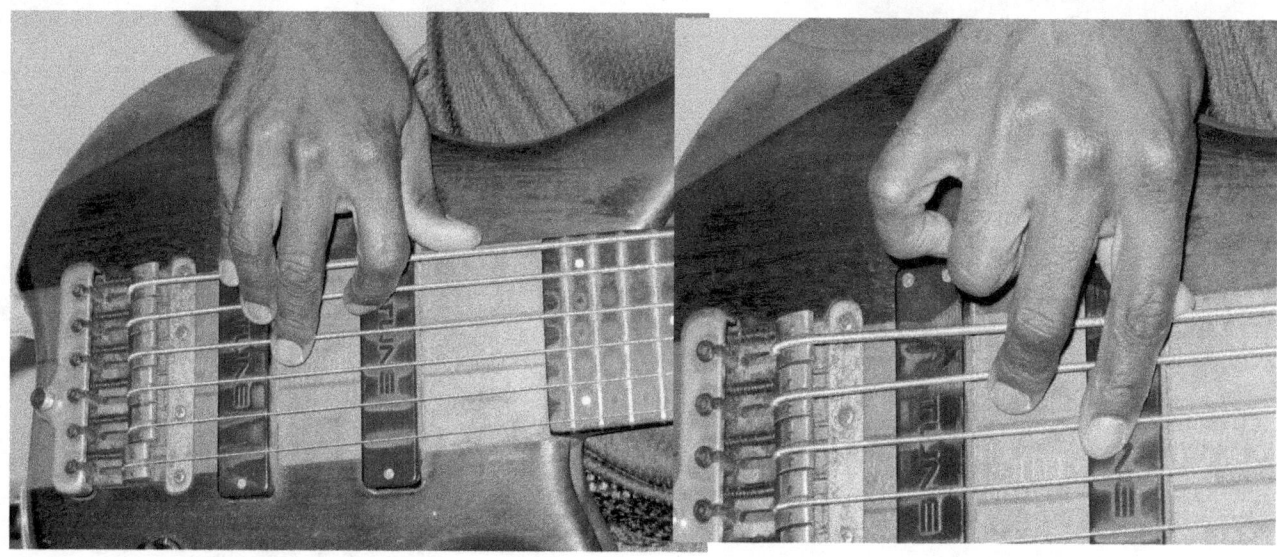

Part One: "Son " The Foundation of Cuban Music
Primera Parte: "Son" La Fundación de la Música Cubana

Example #5:
In the notation before every scale tone is a grace note. This grace note represents the muted dead note.

En el Ejemplo #5:
Puede ver en la escritura que aparece delante de cada nota una nota muerta, o sea sin sonido.

CD Track #5: Single Dead Notes:

In Example #6:
There are double dead notes before every scale tone.

En el Ejemplo #6:
Hay dos notas muertas (sin sonido definido).

CD Track #6: Double Dead Notes:

Part One: "Son" The Foundation of Cuban Music
Primera Parte: "Son" La Fundación de la Música Cubana

Examples #7, #8, #9, #10.

Here we begin using the dead notes with a basic Son Tumbao with different harmonies but with the same feeling.

Ejemplos #7, 8, 9, 10

Aquí comenzamos con las notas muertas con un básico tumbao de Son con varias armonías pero con el mismo sentimiento.

CD Track #7: Basic Tumbao with Dead Notes

Part One: "Son " The Foundation of Cuban Music
Primera Parte: "Son" La Fundación de la Música Cubana

CD Track #8 : Tumbao with dead notes using a different harmonic pattern: G-Bb-Ab-G7

29

Part One: "Son" The Foundation of Cuban Music
Primera Parte: "Son" La Fundación de la Música Cubana

CD Track #9: Tumbao using dead notes with the following harmonic pattern: Amin- Cmaj- Dmin- E7.

Part One: "Son" The Foundation of Cuban Music
Primera Parte: "Son" La Fundación de la Música Cubana

CD Track #10 : Tumbao with dead notes on the following harmonic changes:
Bmin-E7-Amin-D7

Example #11: is a tumbao that will serve as the foundation for the variations that follow.

Ejemplo #11: Es un tumbao que servirá como base par alas variaciónes siguentes.

Example #12: Here we use dead notes as a variation using the harmony of the tumbao in example #11.

Ejemplo #12: Aquí también tenemos las notas muertas además de hacer una variación de la armonía del tumbao #11.

Part One: "Son" The Foundation of Cuban Music
Primera Parte: "Son" La Fundación de la Música Cubana

Example #13: As you can see the use of dead notes and adornments in the variations begins to diminish the accentuation of Son tumbao. However, we are still implying the SON feel and we ALWAYS respect the tumbaos relationship to the clave.

Ejemplo #13: Como puede ver con la utilización de las notas muertas y las notas de adorno en las variaciones disminuye la acentuación del Son. Aunque seguimos dentro del Son y siempre respetando su clave.

Part One: "Son" The Foundation of Cuban Music
Primera Parte: "Son" La Fundación de la Música Cubana

RHYTHMIC EFFECTS ON THE MONTUNOS IN "SON":

Examples #14, 15, 16.
We would like to close this first part of the book by sharing some rhythmic effects that are used much more frequently in Timba in order to prepare for the following lessons. In Timba these effects are called "bloques", because they are performed by various instruments in order to mark a change in the montuno. You may use them before and/or after a mambo or solo to give more strength and flavor to the monutno.

We will demonstrate these effects using a Cuban Classic "Son De La Loma" with three different rhythm effects.

EFECTOS EN LOS MONTUNOS DEL SON:

Ejemplos #14, 15, 16
Ahora queremos como fin de la primera parte añadir estos efectos que son mucho mas utilizados en La Timba para de alguna forma poder practicar y prepararnos para las próximas lecciones de Timba. Estos efectos se hacen en la manera de "bloques" o sea hacerlos junto con varios instrumentos para marcar un cambio dentro del montuno. Puede utilizarlos antes o después del mambo para darle mas fuerza y sabor al montuno.

A continuación un clásico de la Música Cubana "Son De La Loma" con sus tres efectos.

Part One: "Son" The Foundation of Cuban Music
Primera Parte: "Son" La Fundación de la Música Cubana

CD Track #14 : "Son De La Loma" with Rhythm Effect #1

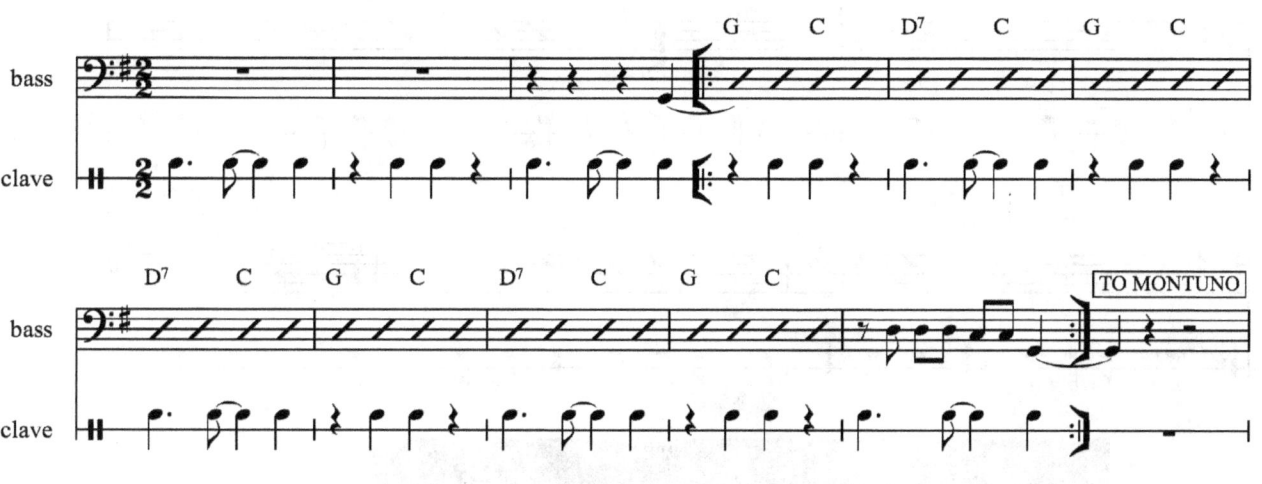

CD Track #15 : "Son De La Loma" with Rhythm Effect #2

Part One: "Son" The Foundation of Cuban Music
Primera Parte: "Son" La Fundación de la Música Cubana

CD Track #16: "Son De La Loma" with Rhythm Effect #3

Dancers from BanRaRa, Havana

END OF PART ONE

PART TWO: CUBAN TIMBA AND THE GUAGUANCÓ CLAVE

SEGUNDA PARTE: LA TIMBA CUBANA Y LA CLAVE DEL GUAGUANCÓ

"Thanks to this land that I was born in and my studies in general that I was able to construct this new form of bass playing that can now serve as a resource to many bassists worldwide."

Cherina Mastrantones, Feliciano Arango.

"Gracias a esta tierra que me vio nacer y a mis estudios en general pude construir esta nueva forma de tocar el bajo que ahora sirve de escuela para muchos bajistas en el mundo."

Part Two: Cuban Timba and the Guaguancó Clave

Segunda Parte: La Timba Cubana y la Clave del Guaguancó

CUBAN TIMBA: "THE LIBERATION OF THE BASS IN CUBAN POPULAR DANCE MUSIC!"

It is within this new movement where I could express and utilize all my knowledge of the bass and also apply all the elements of my Afro Cuban cultural knowledge from Guaguanco, Palo, Abakúa, and Yoruban music – as well as elements of Jazz, Funk, Fusion, Brazilian music – in short, all that has nourished me for many years. These forms were indeed present in music, however, never had they been fused in Cuban Popular Dance Music before the birth of Timba.

In this section I would like to demonstrate and explain through these exercise why Timba liberated the bass. If you follow our sequence you will be able to play Cuban Popular Music or more accurately, "La Timba," more freely, and you will notice that the bass still acts as the backbone of our dance music with these new tumbaos.

In these examples we will not be using the "Son" clave. We are going to be supported by the clave of "Guaguancó." In the first example we will explain the rhythmic cell of the Guaguancó, and then we will play a bass line with some variations. Following these examples there is a fragment from the CD "Los Hermanos Arango," interpreting a Guaguancó rhythm with a bass tumbao.

Although in "Timba" the drums do not use the same rhythmic language as Guaguancó, the feeling of Timba is very close to that of Guaguanco, and the Guaguancó clave is maintained throughout.

LA TIMBA CUBANA: "LA LIBERACION DEL BAJO EN LA MUSICA CUBANA POPULAR BAILABLE."

Asi pienso porque es dentro de este nuevo movimiento donde pude colocar y descargar todos mis conocimientos del bajo y pude aplicar elementos de mis raíces AfroCubanas, que son el Guaguancó, el Palo, el Abakúa, y la música Yoruba – así también como elementos del Jazz, del Funk, de la Fusion, de la música Brasilera – en fin todo de lo que me he nutrido todos estos años. Que había utilizado anteriormente pero no en la Música Cubana Popular Bailable.

Ahora quiero mostrarles y explicarles a través de estos ejercicios, porque digo que se ha liberado el bajo. Si ustedes siguen nuestras indicaciones podrán tocar la música CUbana Bailable actual o sea La Timba mas libremente y notaran que el bajo sigue siendo la columna vertebral de nuestra música bailable, a pesar de sus nuevos patrones.

En este movimiento musical no vamos a utilizar la clave del Son. Nos vamos a apoyar en la clave del Guaguancó. En este primer ejemplo le explicamos la célula del Guaguancó después le agregamos el tumbao del bajo con alguna variación. A continuación le mostramos un fragmento del grupo de "LOS HERMANOS ARANGO" interpretando un Guaguancó con tumbao. Aunque no vamos a utilizar las tumbadoras con esta ritmatica en La Timba el sentimiento del Guaguancó esta muy cerca del sentimiento de "La Timba" y utilizamos la misma clave.

Part Two: Cuban Timba and the Guaguancó Clave
Segunda Parte: La Timba Cubana y la Clave del Guaguancó

TIMBA EXAMPLES:

CD Track #17
Clave and congas playing the Guaguancó patterns.

EJEMPLOS DE TIMBA:

CD Pista #17:
Clave y tumbadores haciendo el patrón del Guaguancó.

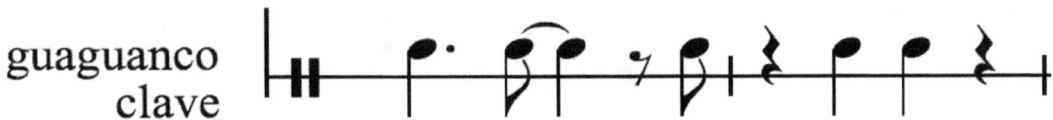

Part Two: Cuban Timba and the Guaguancó Clave
Segunda Parte: La Timba Cubana y la Clave del Guaguancó

CD Track #18:
Guaguancó Clave, conga pattern, and a bass tumbao.

CD Pista #18:
Clave, tumbadoras haciendo el patrón del Guaguancó y tumbao del bajo.

Part Two: Cuban Timba and the Guaguancó Clave
Segunda Parte: La Timba Cubana y la Clave del Guaguancó

CD Track #19:
Is a variation of the previous tumbao using harmonics as a fill or adornment. This example does not have the conga accompaniment.

CD Pista # 19:
Es una variación del tumbao anterior con armonicós que llenan los compases, sin tumbadora.

CD Track #20:
Audio clip from CD of "Los Hermanos Arango" titled "Los Infortunados."

CD Pista #20:
Un pedazo del CD "Los Hermanos Arango" que se llama "Los Infortunados."

CD Track #21:
Clave, Guaguancó pattern and "Quinto" fills. The quinto is the drum that improvises in Guaguanco and I wanted to demonstrate its role because it is one of my sources of inspiration. I have converted the drum improvisations into bass notes in order to embellish my tumbaos.

CD Pista #21:
Clave, Guaguancó, y Quinto. El quinto es el instrumento que improvisa en el Guaguancó y he querido mostrárselos, porque es una de mis fuentes de inspiración cuyos golpes convertidos en notas utilizo para adornar mis tumbaos.

Part Two: Cuban Timba and the Guaguancó Clave
Segunda Parte: La Timba Cubana y la Clave del Guaguancó

CD Track #22:

This is a demonstration of how I use the quinto voice to embellish the tumbaos in "Timba". We wanted to spend a bit of time in Guaguancoó patterns, because its pattern is very close to the feeling of Timba. However, we do NOT use its conga pattern in TIMBA, nonetheless knowing the history will help you in understanding the feeling that fuels "Timba".

In this section we will be changing the notation to 4/4 time because:

1. we believe that it will enable you to understand the intention of the styling of Cuban Timba
2. it will also be easier to subdivide in 16th notes which is fundamental to this style.

CD Pista #22:

Este ejemplo es lo dicho anteriormente es una demostración de mi forma de adornar los tumbaos en La Timba. Hemos querido detenernos un poco en el Guaguancó porque su patrón esta muy cerca del sentir de la Timba. Y aunque NO utilizamos las tumbadoras de esta forma este ritmo le ayudara a entender el sentimiento de La Timba.

En esta segunda parte vamos a cambiar la escritura musical a 4/4 porque:

1. creemos que de esta forma le facilitamos a ustedes el entendimiento de este estilo que es La Timba Cubana.
2. para que les sea mas facíl subdividir las semicorcheas que es fundamental en esto estilo.

Part Two: Cuban Timba and the Guaguancó Clave
Segunda Parte: La Timba Cubana y la Clave del Guaguancó

CD Track #23:
We continue the Guaguancó clave ,but the conga pattern is different from the previous examples. This conga pattern is one of the typical patterns normally used in "Cuban Timba".

CD Tracks #24, #25, #26, #27.

IN THESE FOUR EXAMPLES YOU WILL NOTICE THAT USING THE SAME GUAGUANCO CLAVE THE BASS ENTRANCE IS NOT FIXED AND CAN ENTER IN DIFFERENT PLACES.

CD Pista #23:
Aquí seguimos utilizando la clave del Guaguancó, pero cambia la marcha de la tumbadora. O sea utilizaremos uno de los patrónes que se usa normalmente en la "Timba".

CD Pistas #24, #25, #26, #27:

ESTOS SON CUATRO EJEMPLOS DONDE SE DARÁ CUENTA QUE SONANDO LA MISMA CLAVE EL BAJO ENTRA EN DIFERENTES LUGARES.

CD Track #24: The bass enters on the first beat.
CD Pista #24: La Entrada del bajo es en el primer tiempo.

Part Two: Cuban Timba and the Guaguancó Clave
Segunda Parte: La Timba Cubana y la Clave del Guaguancó

CD Track #25:
The bass tumbao enters on the second beat.

CD Pista #25
La entrada del bajo es en el segundo tiempo

CD Track #26:
The bass enters on the third beat.

CD Pista #26:
La entrada del bajo es en el tercero tiempo.

CD Track #27:
The bass tumbao enters on the fourth beat.

CD Pista #27:
La entrada del bajo es en el cuatro tiempo.

CD Track #28:
Is an example of a simple bass tumbao with dead notes. It is just one of the ways the bass can enter into the montuno in relation to the clave.

CD Pista #28:
Este ejemplo es un tumbao sencillo con notas muertas y una forma de entrar el bajo al montuno con relación a la clave.

CD Track #29:
This bass tumbao is exactly the same as #28. However, the clave is respectfully maintained, even if the montuno enters on a different beat. There are different forms of beginning a tumbao with respect to the clave and yet we still maintain the flavor.

This is why we speak of "THE LIBERATION OF THE BASS IN TIMBA". You will realize with these examples that when using these different entrances the rich flavor and danceability of the montuno is maintained nevertheless.

CD Pista #29
En este ejemplo el tumbao del bajo es exactamente el mismo que el anterior. Pero con respecto a la clave entramos de una forma diferente tratando de que se mantenga el mismo sabor.

Aquí es donde hablamos de "LA LIBERACIÓN DEL BAJO EN LA TIMBA" Porque notara que hay diferentes formas de comenzar un tumbao con respecto a la clave y se mantiene el sabor. Ha medida que vayan apareciendo los ejemplos usted se dará cuenta de esto y sentirá que los tumbao mantienen un rico sabor bailable.

Part Two: Cuban Timba and the Guaguancó Clave
Segunda Parte: La Timba Cubana y la Clave del Guaguancó

CD Tracks # 30, #31, #32:
We use the same basic tumbao but with embellishments using a different placement of dead notes.

CD Pista #30, #31, #32:
Utilizan el mismo tumbao básico pero con adornos y notas muertas diferentes.

CD Track #30:

CD Track #31:

CD Track #32:

Part Two: Cuban Timba and the Guaguancó Clave
Segunda Parte: La Timba Cubana y la Clave del Guaguancó

Examples #33, #34, #35, #36 will help reinforce the use of dead notes in the Timba tumbao.

Ejemplo #33, 34, 35, 36 le ayudara a afianzar las notas muertas dentro del tumbao de la Timba.

CD Track #33

CD Track #34

CD Track #35

Part Two: Cuban Timba and the Guaguancó Clave
Segunda Parte: La Timba Cubana y la Clave del Guaguancó

CD Track #36

| IN THE FOLLOWING EXAMPLES AFTER EVERY EXERCISE THERE IS A RECORDING OF THE SAME TUMBAO IN "FREE STYLE" SO THAT YOU CAN HEAR THE VARIETY OF FIGURES AND EMBELLISHMENTS THAT CAN BE INCORPORATED WHILE PLAYING THE TUMBAO. | EN LOS SIGUENTES EJERCICIOS DESPUES DE CADA TUMBAO HAY UN EJEMPLO DE UNA TIMBA "ESTILO LIBRE" PARA QUE PUEDAN ESCUCHAR LA VARIEDAD DE FIGURADOS Y ADORNOS QUE PODEMOS UTILIZAR DURANTE NUESTRA EJECUCION. |

ALWAYS REMEMBER:

1. THAT THIS STYLE OF BASS EMBELLISHMENT IS NOT TO BE USED DURING THE ACCOMPANIMENT SECTION OF THE ARRANGEMENT.
2. ONE MUST ALWAYS MAINTAIN THE FLAVOR AND MORE IMPORTANTLY MAINTAIN THE STABILITY OF THE ACCOMPANIMENT, WHICH IS OUR PRINCIPAL FUNCTION.

RECUERDE SIEMPRE:

1. NO UTILIZAR ESTA FORMA DE TOCAR EN EL ACOMPAÑAMIENTO.
2. CUIDA EL SABOR Y MANTIENE LA ESTABILIDAD EN EL ACOMPAÑAMIENTO, QUE ES NUESTRA FUNCION PRINCIPAL.

Examples #37, #38 Free style, #39, #40 Freestyle, #41, #42 Freestyle:
We will not be using dead notes because we want you to pay more attention to the flavor and feel of the tumbao. We have entered the world of *Timba* but it is important that you execute and understand it perfectly before adding embellishments.

Ejemplo: #37, #38 Libre, #39, #40 Libre, #41, #42 Libre,
No utilizamos las notas muertas porque queremos que le ponga mas asunto al sabor del Tumbao. Ya se ha adentrado mas a La *Timba* y es importante que la sienta y la entienda perfectamente.

CD Track #37

Part Two: Cuban Timba and the Guaguancó Clave
Segunda Parte: La Timba Cubana y la Clave del Guaguancó

CD Track #39

Part Two: Cuban Timba and the Guaguancó Clave
Segunda Parte: La Timba Cubana y la Clave del Guaguancó

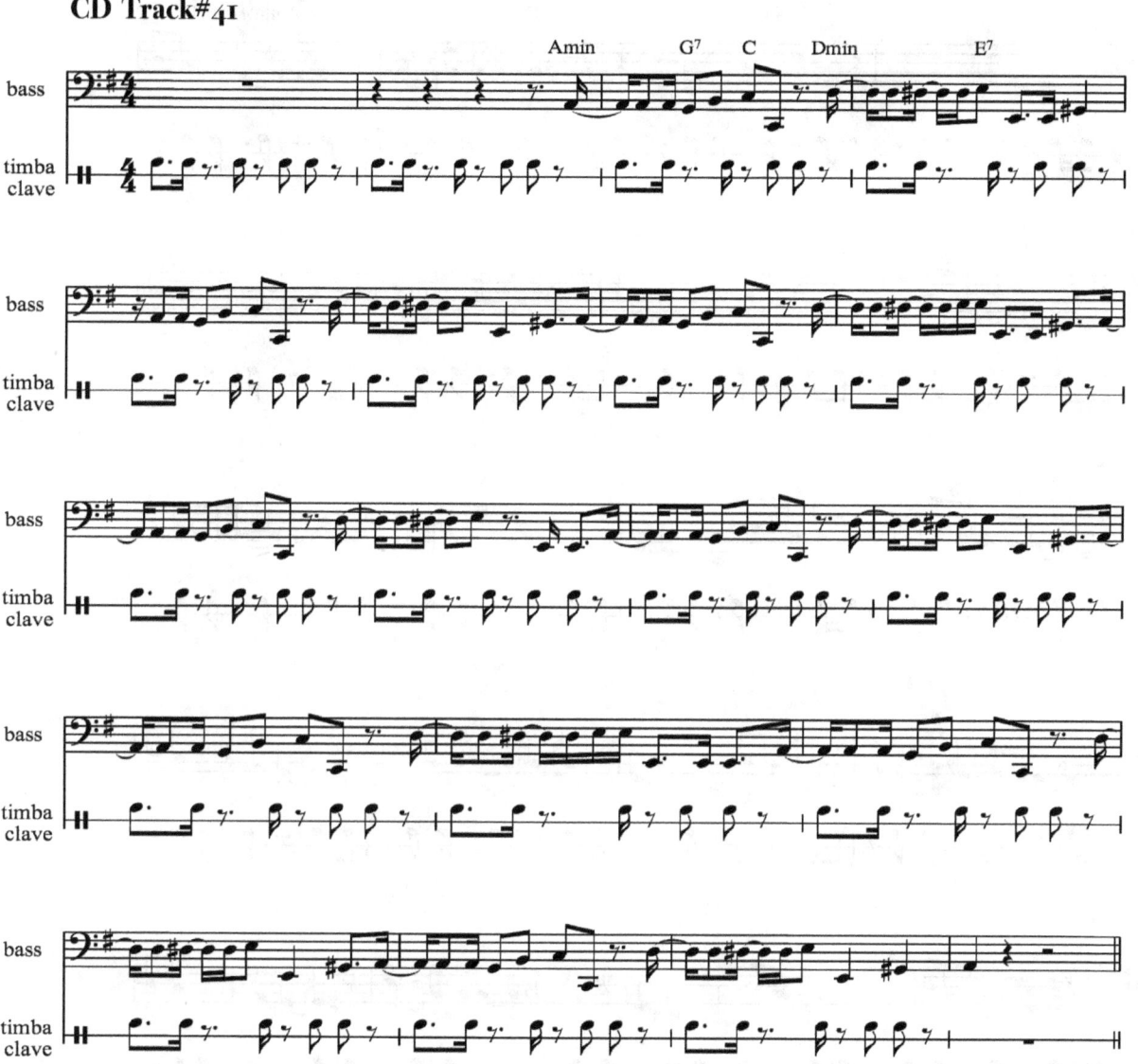

Examples #43, #44 Freestyle:
With these figures you will feel much more secure with the clave and you will more easily interpret the repertoire of dance music that follows.

Ejemplo #42, #43 Libre:
Con estos figurados que utilizamos aquí; usted se sentirá mas seguro con la clave y podrá interpretar con mas facilidad los números del repertorio bailable que vienen a continuacíon.

Part Two: Cuban Timba and the Guaguancó Clave
Segunda Parte: La Timba Cubana y la Clave del Guaguancó

Part Two: Cuban Timba and the Guaguancó Clave
Segunda Parte: La Timba Cubana y la Clave del Guaguancó

Examples #45, #47, #49, #51, #53:
At this time we would like you to apply what you have learned with these classics of Cuban popular music.

Ejemplos # 44, #46, #48, #50, # 52:
Ahora queremos que usted practique lo aprendido sobre estos números clásicos de la música bailable.

CD Track #45, #46 Freestyle: "Son De La Loma"

CD Track #47, #48 Freestyle: "Bamboleo"

Part Two: Cuban Timba and the Guaguancó Clave
Segunda Parte: La Timba Cubana y la Clave del Guaguancó

CD Track # 49 , #50 Freestyle: "El Cuarto De Tula"

CD Track #51, #52 Freestyle: "Bilongo"

CD Track #53, #54 Freestyle: "Chango"

RHYTHMIC EFFECTS IN TIMBA

Examples #55, #56, #57, #58, #59, #60

As previously discussed, one of the elements that are often used in Timba is rhythmic effects or "bloques". In the end of the SON section of this book, we gave a few examples of those effects. Now we will practice those effects in the context of "Timba" tumbaos.

EFECTOS EN LA TIMBA

Ejemplos #55 #56, #57, #58, y #59, #60

Como dijimos anteriormente, una de las cosas que funciona mucho en La Timba son los efectos rítmicos. Al final de la primera parte le hicimos una demostración de los efectos en el Son. Ahora vamos a practicar los efectos en la Timba.

CD Track #55, #56, #57 : Tumbao of "Cuarto De Tula"
 with three examples of rhythm breaks.

CD Track #55:

Part Two: Cuban Timba and the Guaguancó Clave
Segunda Parte: La Timba Cubana y la Clave del Guaguancó

CD Track #56:

CD Track #57

Part Two: Cuban Timba and the Guaguancó Clave
Segunda Parte: La Timba Cubana y la Clave del Guaguancó

Examples #58, #59, #60: Tumbao on "Bilongo" with three examples of rhythm breaks.

Ejemplos #58, #59, #60. Tumbao de "Bilongo" con tres variaciónes en los eféctos.

CD Track #58

CD Track #59

Part Two: Cuban Timba and the Guaguancó Clave
Segunda Parte: La Timba Cubana y la Clave del Guaguancó

CD Track #60

PALM SLIDES USING THE "BOMBA" RHYTHMS:

This sound executed with the palm of the right hand imitates the "Bomba" that the drummer plays in Timba. It is a strong sound that is used at the climax of the timba montuno, which supports the female dancers who are dancing "despelote". "Despelote" is where the body is moves and shakes furiously. In this example we are showing the most basic pattern of these bombas. Naturally there are many more forceful combinations that facilitate this movement of the female and occasionally the male dancers, but we will cover the variations in the next volume on Timba bass stylings. For now, we only want to introduce the concept.

LA BOMBA CON LAS PALMAS:

Este sonido como bien dice la palabra se parece al sonido del "Bomba" de la batería en la Timba Cubana. Es un sonido fuerte que se utiliza en el clímax del montuno timbero que apoya el baile de las mujeres al cual lo llaman "el despelote," es decir donde estas mueven su cuerpo furiosamente y se agitan con mucha fuerza. En este caso le estamos dando una de las mas elementales de estas bombas. Por supuesto que hay muchas combinaciones con mas fuerza para ayudar a este movimiento de las mujeres y en ocasiones de los hombres también. Pero de esto hablaremos en el próximo volumen de Timba. Ahora le damos solo una introducción.

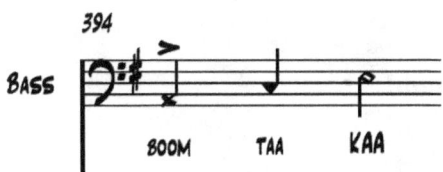

BOOM= Is a PALM hit of the RIGHT hand against the strings in contrary motion of the fingers:
BOOM= Un golpé con la parte de la mano DERECHA al contrario de los dedos.

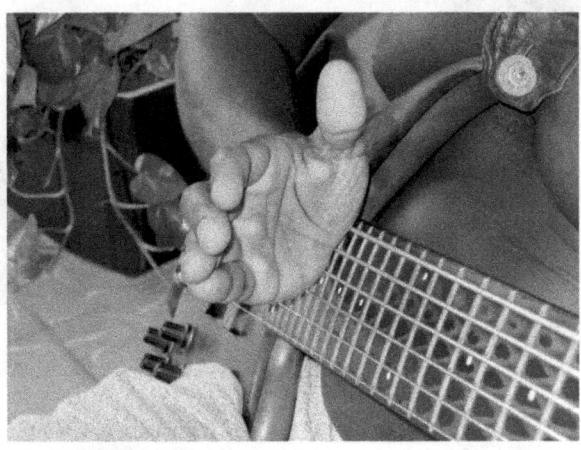

TA= Striking the string with the fingers of the RIGHT hand.
TA= Golpe con los DEDOS de la mana DERECHA.

KAA= Striking the strings with the fingers of the LEFT hand.
KAA= Golpe con los DEDOS de la mano IZQUIERDA.

Part Two: Cuban Timba and the Guaguancó Clave
Segunda Parte: La Timba Cubana y la Clave del Guaguancó

CD Track # 61 One "Bomba" using the BOOM stroke.

CD Pista #61: Una Bomba sola utilizando el golpe de BOOM.

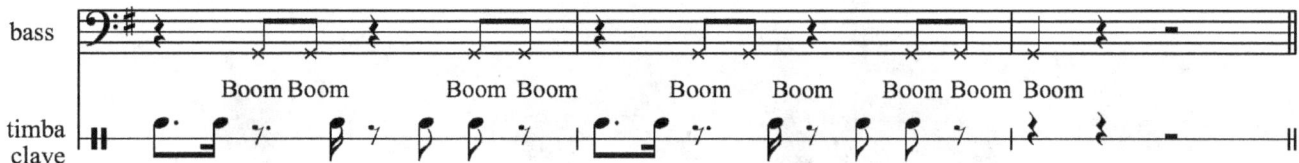

CD Track #62: "Bilongo" montuno with a palm slide ending with the third rhythm break.

This sonic effect is largely dependent on your amplification system. Even though with volume it is well heard one needs to really feel the rhythm while onstage while being conscious of the musicians you are accompanying. This is one of the secret effects that is felt as a musical climax in the performance of an arrangement.

CD Pista #62: una Bomba después del montuno y acompañada con el efécto #3 de "Bilongo"

Este sonido será mas o menos fuerte dependiendo de su amplificador. Aunque para el exterior se oiga bien usted necesita sentirlo en el escenario así como los músicos que le acompañan. Este es uno de los secretos para que todos sientan que han llegado al clímax del numero que se este interpretando.

END OF PART TWO

PART THREE: TIMBA JAZZ / JAZZ CON TIMBA

"My Bass is a bass of folklore, Abakúa, Yoruba, Congo and Carabali; these are my roots from Guanabacoa. Roots that I will defend all of my life."

Eugenio Arango, Marta Arango-Noa, Feliciano Arango.

"Mi Bajo es un bajo folklórico Abakúa-Yoruba-Congo- y Karabali; estas son mis raíces de Guanabacoa. Raíces que yo defenderé toda la vida."

JAZZ CON TIMBA

We know that Timba with its rich tumbao, can be fused with many other styles, and we have selected a few Jazz standards to show a way that the Timba flavor can be fused with other forms of music that are not related to Cuban Popular Dance Music. We are still using timba's rhythmic language as a foundation, however, if you have properly studied all the exercises in this book, it will be much easier to sense the "Cubanía" that can co exist with Jazz standards as harmonically complex as "Giant Steps."

As you can see in the case where there are much more complex harmonic structures than in Cuban Popular Dance Music, one can simply place a rhythmic cell of the Timba language throughout the harmony, and the "Timba feeling" becomes apparent.

In the following examples a "free-style" entrance of the bass tumbao is also demonstrated, but one must always be mindful to respect the clave.

For example in the song "Dolphin Dance" by Herbie Hancock the bass entrance is on the first beat. In "Blue Bossa" the bass entrance is on the second half of beat two. In the bebop standard "Confirmation," the bass enters on the third beat. In the standard "Giant Steps" by John Coltrane, the bass tumbao enters at the end of the third beat. And, in a standard twelve bar blues in F, the bass tumbao enters on the fourth beat.

These are the various bass entrances with respect to the clave that are included in this section of the book. In each example you will encounter a stable tumbao and then the following selection on the CDs you will hear a "freestyle" bass tumbao in the style of a "descarga" or improvisation. These examples will nourish and further your rhythmic language of syncopation and demonstrate how you can adorn and decorate the accompaniment. However, we'd like to stress that our principal function is in the role of artistic accompaniment.

You can use some of the ideas in the "freestyle" recordings to enhance and develop some of the more stable tumbaos. As you progress you will be able to create your own personal fills in the tumbaos that you interpret. Each example has a fragment of the melody for a clearer understanding of the tumbao.

Part Three: Timba Jazz
Tercera Parte: Jazz Con Timba

JAZZ CON TIMBA:

Sabemos que la Timba con su rico tumbao se puede fusionar con otros géneros, y hemos escogido estos números de Jazz para demostrar de alguna manera que este sabor se puede fundir con otra música que no tiene nada que ver con la Música Cubana Popular Bailable, sobre todo en su parte rítmica. Si usted ha estudiado correctamente todos los ejercicios de este libro, le será muy fácil sentir "la Cubanía" dentro de números tradicionales de Jazz tan complicados harmónicamente como "Giant Steps."

Como puede ver en estos casos donde hay mucha mas armonía que en los montunos de la música Cubana Bailable, solo tiene que colocar una célula de Timba y es aquí donde el sentimiento juega un papel super importante.

En los siguientes ejemplos se pone de manifiesto también la liberación de la entrada del bajo en el montuno con respecto a la clave.

Por ejemplo en "Dolphin Dance", la entrada del bajo la hicimos en el primer tiempo. En el "Blue Bossa" la entrada del bajo la hicimos al final del segundo tiempo. En "Confirmation" la entrada del bajo la hicimos en el tercer tiempo. En el tema "Giant Step" la entrada del bajo es al final del tercer tiempo. En el "Blues" la entrada del bajo la hicimos al final del cuarto tiempo.

Ya usted sabe cual es el orden de entradas del bajo con respecto a la clave en estos números de Jazz.

En cada uno de estos ejemplos usted encontrara un tumbao estable y después un tumbao "libre" a modo de descarga. Estos son los ejemplos de los cuales usted va a tomar información para ampliar su mundo de las síncopas y utilizar algunos de estos figurados solo para adornar el acompañamiento que "como siempre decimos es nuestra funcion principal". Con algunos de estos figurados del tumbao libre usted puede adornar los tumbaos estables. Y mas adelante usted puede crear sus propios adornos en los tumbao que interprete. Cada ejemplo tiene un fragmento de la melodía para su mejor entendimiento.

Part Three: Timba Jazz
Tercera Parte: Jazz Con Timba

CD Track #63: F Blues Tumbao
CD Track #64: "Freestyle" F Blues.

CD Pista #63: F blues Tumbao
CD Pista #64: F Blues Tumbao Libre

Part Three: Timba Jazz
Tercera Parte: Jazz Con Timba

CD Track #65: "Blue Bossa" Tumbao
CD Track #66: "Blue Bossa" Freestyle.

CD Pista #65: "Blue Bossa" Tumbao
CD Pista #66: "Blue Bossa" Tumbao LIBRE

Part Three: Timba Jazz
Tercera Parte: Jazz Con Timba

CD Track # 67: "Confirmation"
Tumbao
CD Track #68: "Confirmation"
Freestyle

CD Pista #67: "Confirmation"
Tumbao
CD Pista #68: "Confirmation"
Tumbao LIBRE

Part Three: Timba Jazz
Tercera Parte: Jazz Con Timba

CD Track # 69: "Dolphin Dance" Tumbao with melody
CD Track #70: "Dolphin Dance" Freestyle

CD Pista #69: "Dolphin Dance" Tumbao y melodîa entera.
CD Pista #70: "Dolphin Dance" Tumbao LIBRE

69

Part Three: Timba Jazz
Tercera Parte: Jazz Con Timba

Part Three: Timba Jazz
Tercera Parte: Jazz Con Timba

CD Track # 71: "Giant Steps" Tumbao
CD Track #72: "Giant Steps"
Freestyle

CD Pista #71: "Giant Steps" Tumbao
CD Pista # 72: "Giant Steps" Tumbao
LIBRE

Part Three: Timba Jazz
Tercera Parte: Jazz Con Timba

CD Track #73: "Night And Day" with some rhythm breaks.
CD Pista #73: "Night And Day" Tumbao Con Efectos Ritmicos.

Part Three: Timba Jazz
Tercera Parte: Jazz Con Timba

Part Three: Timba Jazz
Tercera Parte: Jazz Con Timba

PART FOUR: AFRO TIMBA:

This last section is the most complicated concept. We are going to fuse the Timba bass tumbaos with the Batá drums. These three drums have a great rhythmic secret and its language is very special.

Para esta ultima parte le hemos reservado lo mas complicado. Ya que vamos a fusionar el tumbao de Timba con los tambores Batá. Estos tres tambores tienen un gran secreto rítmico y su toque es muy especial.

Eugenio Arango.

Part Four: Afro-Timba
Cuarta Parte: Afro'Timba

"Right now I'm working on this new fusion project where I am combining elements of Afro Timba with elements of Jazz, Funk and fusion. Some of the compositions are danceable but it is not Popular Cuban Dance Music per se. To learn more about this style, you can listen to the group "Los Hermanos Arango" album, ORO NEGRO. In the next book we are looking to share much more information on Afro Timba in order to attain a better understanding of this style."

"Actualmente me encuentro trabajando en este nuevo projecto haciendo una fusión de Afro Timba con elementos de Jazz, Funk y Fusión con la única diferencia que se pueden bailar algunos temas pero no es música bailable. Para conocer un poco mas de este estilo puedes escuchar al grupo "Los Hermanos Arango," Oro Negro. Y en el próximo libro tendrá mucho mas información del Afro Timba para mejorar su conocimiento sobre este estilo."

The Three Batá Drums Los Tres Tambores Batá.

The largest is called "IYÁ" **El mayor se llama "IYÁ"**

The second or medium size drum is called "ITÓTELE"

Part Four: Afro-Timba
Cuarta Parte: Afro-Timba

El Segundo se llama "ITÓTELE"

The smallest of the three drums is called "OKÓNKOLO"
El Mas Chiquito se llama "OKÓNKOLO

Part Four: Afro-Timba
Cuarta Parte: Afro'Timba

CD Track #74: Clave and the Three Batá Drums only.

In this example you can listen to the complexity of the rhythmic language of the three drums. It is this conversation that is maintained between the drums that makes placing a Timba Bass tumbao so challenging.

The rhythm that is played on this recording is called IYESÁ.

CD Pista #74: Clave y Toques De Los Tres Tambores Batá.

Aquí usted puede escuchar la complejidad de estos tres tambores. Y el porque de lo difícil de fundir los tumbaos de Timba con su ritmática en la que se mantienen conversando todo el tiempo.

Este toque de bata se llama IYESÁ.

Rumba at El Callejón de Jamel, Havana

Part Four: Afro-Timba
Cuarta Parte: Afro'Timba

CD Track # 75: Clave, Bata Drums and a bass tumbao.
CD Pista # 75: Clave, Toque de Bata, Y Tumbao del Bajo.

Part Four: Afro-Timba
Cuarta Parte: Afro'Timba

CD Track #76: Clave, Bata Drums and A Different Bass Tumbao.
CD Pista #76: Clave, Toque de Batá Y otro Tumbao del Bajo.

Cherina Mastrantones, Feliciano Arango.

Part Four: Afro-Timba
Cuarta Parte: Afro-Timba

FINAL COMMENTS:

We hope that this book has helped you in your journey and exploration into the world of Cuban Timba. We believe that those who take the time to learn all of these examples will experience the music in a new and different way. Full of flavor and feeling.

Cuban Timba continues to evolve to this day. We are very interested in continuing our exploration and establishing a worldwide forum with all interested musicians of Timba. We will be back with future volumes soon.

FINAL:

Esperamos que este libro le haya ayudado mucho en su exploración por el mundo de la Timba Cubana, y creemos que el aprendizaje de estos ejercicios le hará sentir la música en una forma nueva: Llena de sabor y de sentimiento.

La Timba Cubana sigue evolucionando constantemente y por eso nosotros queremos mantener comunicación con todos los interesados, para seguir ayudando en su desarrollo y mantenerlos actualizados de todos los movimientos que ocurren dentro la Timba Cubana.

Cherina Mastrantones, Feliciano Arango.

Part Four: Afro-Timba
Cuarta Parte: Afro'Timba

"My Bass is a bass of folklore, Abakúa, Yoruba, Congo and Carabali; these are my roots from Guanabacoa. Roots that I will defend all of my life."

Eugenio Arango, Marta Arango-Noa, Feliciano Arango.

"Mi Bajo es un bajo folklórico Abakúa-Yoruba-Congo- y Karabali; estas son mis raíces de Guanabacoa. Raíces que yo defenderé toda la vida."

Part Four: Afro-Timba
Cuarta Parte: Afro'Timba

"Thanks to this land that I was born in and my studies in general that I was able to construct this new form of bass playing that can now serve as a resource to many bassists worldwide."

Cherina Mastrantones, Feliciano Arango.

"Gracias a esta tierra que me vio nacer y a mis estudios en general pude construir esta nueva forma de tocar el bajo que ahora sirve de escuela para muchos bajistas en el mundo."

Part Four: Afro-Timba
Cuarta Parte: Afro'Timba

Credits:
Photos &Recordings: Cherina Mastrantones, Cristina Arango
Editing: Cherina Mastrantones, Anne Eller
Cover Art: E. Bruno

For further information
www.arangotones.org

Email: czm26@optonline.net

arangoe@cubarte.cult.cu

Créditos:
Fotografías y grabaciones: Cherina Mastrantones, Cristina Arango
Edicíon: Cherina Mastrantones, Anne Eller.
Arte: E. Bruno.

Informacíon de contacto:
www.arangotones.org

Email: czm26@optonline.net

arangoe@cubarte.cult.cu